宇宙

谷川俊太郎

JN161321

宇宙 ──

闇は光の母
ひとりぼっち
よりあいよりあい
未生
よげん
私たちの星
はる
月からの風景
みみがさわる
いや
二十億光年の孤独
朝のリレー

他に書下し作品２編収録
リフィルのうた　六穴のうた

poem piece
Published by poem-piece

詩を持ち歩こう　ポエムピースシリーズ PP16ST-01
リフィル 16 枚・ポストカードリフィル２枚（専用バインダー別売）
システム手帳〈聖書サイズ・6 穴〉のリフィルとして使用できます。

リフィルのうた

うすら寒ければ重ね着します
もう一杯飲みたければ注ぎ足します
なんだか物足りない感じなら
足りないのは他でもないあなた自身
読むだけで足りなければ
見るだけで不満足なら
自分で何かをリフィルしてみる
それがこのポエムピースのスピリット
足して引いて並べ替えてまた変えて
編集の醍醐味をリフィルで知ると
いつかカケラがぴったりはまり
あなただけのパズルの出来上がり！

谷川俊太郎

六穴のうた

一番穴はのぞき穴
のぞけば未来が見えてくる
二番穴は抜け穴だ
抜ければ地平を超えられる
三番穴は落とし穴
這い上がるのに苦労する
四番穴は針の穴
糸を通して傷を縫う
五番穴はブラックホール
墨の光も捕まえる
六番穴は風穴だ
春風秋風吹き抜ける

Shuntaro T.

poem piece

定形外です

Post Card

宇宙

谷川俊太郎

poem piece

ポエムピース

◆このパッケージにおさめられている作品

闇は光の母
ひとりぼっち
よりあいよりあい
未生
よげん
私たちの星
はる
月からの風景
みみがさわる
いや
二十億光年の孤独
朝のリレー

闇は光の母

闇がなければ光はなかった
闇は光の母

光がなければ眼はなかった
眼は光の子ども

眼に見えるものが隠している
眼に見えぬもの

人間は母の胎内の闇から生まれ
ふるさとの闇へと帰ってゆく

つかの間の光によって
世界の限りない美しさを知り

こころとからだにひそむ宇宙を
眼が休む夜に夢見る

いつ始まったのか私たちは
誰が始めたのかすべてを

その謎に迫ろうとして眼は
見えぬものを見るすべを探る

ダークマター
眼に見えず耳に聞こえず

しかもずっしりと伝わってくる
重々しい気配のようなもの

そこから今もなお
生まれ続けているものがある

闇は無ではない
闇は私たちを愛している

光を孕み光を育む闇の
その愛を恐れてはならない

──『詩の本』

ひとりぼっち

だれも知らない道を通って
だれも知らない野原にくれば
太陽だけがおれの友だち
そうだおれにはおれしかいない
おれはすてきなひとりぼっち

きみの忘れた地図をたどって
きみの忘れた港にくれば
アンドロメダが青く輝く
そうだおれにはおれしかいない
おれはすてきなひとりぼっち

みんな知ってる空を眺めて
みんな知ってる歌をうたう
だけどおれにはおれしかいない
そうだおれにはおれしかいない
おれはすてきなひとりぼっち

──『うつむく青年』

よりあいよりあい
── 宅老所 よりあい に寄せて

よるがちかづくとたましいは

りくつをわすれる

あいのしょっぱさも

いきることのすっぱさも

よけいにあじわえて

りきむことなく

あえかなまどろみに

いいゆめをみて

よれよれのからだも

りすのよう　きにかけのぼり

あまいこのみを

いっぱいとってくる

よろこびにはなんの

りゆうもなく

あすはちかくてとおい

いきるだけさ　しぬまでは

──『シャガールと木の葉』

未生

あなたがまだこの世にいなかったころ
私もまだこの世にいなかったけれど
私たちはいっしょに嗅いだ
曇り空を稲妻が走ったときの空気の匂いを
そして知ったのだ
いつか突然私たちの出会う日がくると
この世の何の変哲もない街角で

──『女に』

よげん

きはきられるだろう
くさはかられるだろう
むしはおわれ
けものはほふられ
うみはうめたてられ
まちはあてどなくひろがり
こどもらはてなずけられるだろう

そらはけがされるだろう
つちはけずられるだろう
やまはくずれ
かわはかくされ
みちはからみあい
ひはいよいよもえさかり
とりははねをむしられるだろう

そしてなおひとはいきるだろう
かたりつづけることばにまどわされ
いろあざやかなまぼろしにめをくらまされ
たがいにくちまねをしながら
あいをささやくだろう
はだかのからだで
はだかのこころをかくしながら

──『夜のミッキー・マウス』

私たちの星

はだしで踏みしめることの出来る星
土の星

夜もいい匂いでいっぱいの星
花の星

ひとしずくの露がやがて海へと育つ星
水の星

道ばたにクサイチゴがかくれている星
おいしい星

遠くから歌声の聞こえてくる星
風の星

さまざまな言葉が同じ喜びと悲しみを語る星
愛の星

すべてのいのちがいつかともに憩《いこ》う星
ふるさとの星

数限りない星の中のただひとつの星
私たちの星

──『みんなやわらかい』

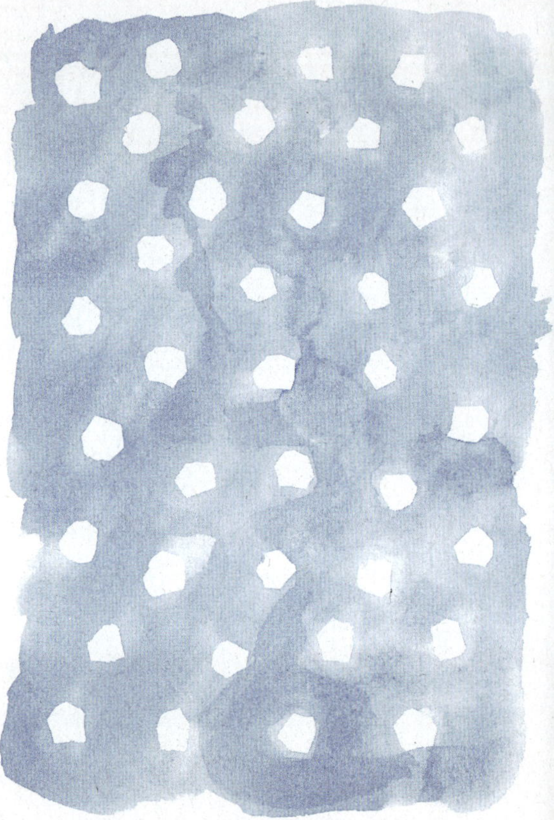

はる

はなをこえて
しろいくもが
くもをこえて
ふかいそらが

はなをこえ
くもをこえ
そらをこえ
わたしはいつまでものぼってゆける

はるのひととき
わたしはかみさまと
しずかなはなしをした

──『二十億光年の孤独』

月からの風景

かなたに地球はかかっている
しらじらと輝いて
その大陸は地平線を喪くし
その大洋は水平線を喪くし
その青空は青を喪くし

かなたに地球はかかっている
都市をのせ
山々をのせ
寺と塔をのせ（猫とねずみをのせ）
私をのせ

地球はかなたにかかっている
午前十時の午後五時の
暁とうしみつどきの
今日と明日との
まわりつづけるあやうい独楽

かなたに地球はかかっている
ナパームの閃光は見えず
黒も白も黄いも見えず
セザンヌのりんごも見えず
どんな廃墟も見えず

けれど地球はかかっている
月の火口の重なるむこう
ひょっこりと
むしろ律儀に
いっしょうけんめいに

地球はひとり動いている
こみいった経験と
単純な決意に押され
小さな一人の子どもの手に押され
木々の帆に押されて

かなたに地球はかかっている
(ああめくるめくこの吐き気)
半分の夜を抱き
生れ出る赤ん坊を抱き
四十五億年を抱き

かなたに
我がふるさとは輝いている
星々とともに遠く小さく……

──『祈らなくていいのか』

みみがさわる

みみがさわる
しんくうのうちゅうのささやき

めがさわる
きらめくひかりのすばやいつぶつぶ

てがさわる
きみとぼくをむすぶみえないちから

こころがさわる
あたらしくてふるいものがたりに
くりかえしひそむゆめ

──『今ここに生きる子ども』

いや

いやだ　と言っていいですか
本当にからだの底からいやなことを
我慢しなくていいですか
我がままだと思わなくていいですか

親にも先生にも頼らずに
友だちにも相談せずに
ひとりでいやだと言うのには勇気がいる
でもごまかしたくない
いやでないふりをするのはいやなんです

大人って分からない
世間っていったい何なんですか
何をこわがってるんですか

いやだ　と言わせてください
いやがってるのはちっぽけな私じゃない
幸せになろうとあがいている
宇宙につながる大きな私のいのちです

――『子どもたちの遺言』

二十億光年の孤独

人類は小さな球の上で
眠り起きそして働き
ときどき火星に仲間を欲しがったりする

火星人は小さな球の上で
何をしてるか　僕は知らない
（或はネリリし　キルルし　ハララしているか）
しかしときどき地球に仲間を欲しがったりする
それはまったくたしかなことだ

万有引力とは
ひき合う孤独の力である

宇宙はひずんでいる
それ故みんなはもとめ合う

宇宙はどんどん膨らんでゆく
それ故みんなは不安である

二十億光年の孤独に
僕は思わずくしゃみをした

――『二十億光年の孤独』

Post Card

定形外です

朝のリレー

カムチャツカの若者が
きりんの夢をみているとき
メキシコの娘は
朝もやの中でバスを待っている
ニューヨークの少女が
ほほえみながら寝がえりをうつとき
ローマの少年は
柱頭を染める朝陽にウインクする
この地球では
いつもどこかで朝がはじまっている

ぼくらは朝をリレーするのだ
経度から経度へと
そうしていわば交替で地球を守る
眠る前のひとときき耳をすますと
どこか遠くで目覚時計のベルが鳴ってる
それはあなたの送った朝を
誰かがしっかりと受けとめた証拠なのだ

──『祈らなくていいのか』

定形外です

Post Card

谷川俊太郎　宇宙

ポエムピースシリーズ PP16ST-01

2016年12月15日発行　著者 / 谷川俊太郎
選・編集 / 古川奈央　デザイン / 堀川さゆり　発行 / ポエムピース
 Printed in JAPAN　ISBN978-4-908827-12-9 C0495

「ポエムピース」シリーズは、ポエムピースから。

システム手帳のリフィル型詩集シリーズ「ポエムピース」は
自分で好きな詩を選んで、好きな順番に編集できる詩集シリーズ。
バイブルサイズ6穴のリフィルに詩が印刷されており、
好きな詩だけを好きな順序に並べて楽しめます。
フリーメモやポストカードとして使えるピースも収録。
専用バインダーもラインナップしました。
今後、様々なテーマの詩集を発売してゆきます！
挿絵やシールなどのリフィルも発売予定。
「自分だけのコレクション」を、ぜひお楽しみください！

詩のある出版社
ポエムピース株式会社

9784908827129

1920495006907

ISBN978-4-908827-12-9
C0495 ￥690E
定価　本体 690 円 + 税
発行　ポエムピース